图说世界历史

探索古埃及

［英］尼尔·格兰特 ◎ 著

张焕新 ◎ 译

哈尔滨出版社
HARBIN PUBLISHING HOUSE

黑版贸审字08-2016-078号

图书在版编目（CIP）数据

探索古埃及 / (英) 尼尔·格兰特著；张焕新译
. —哈尔滨：哈尔滨出版社，2019.10
（图说世界历史）

书名原文：Investigate and Understand the Ancient Egyptians

ISBN 978-7-5484-3157-2

Ⅰ.①探… Ⅱ.①尼… ②张… Ⅲ.①埃及-古代史-青少年读物 Ⅳ.①K411.209

中国版本图书馆CIP数据核字(2017)第026297号

© 2016 Brown Bear Books Ltd
BROWN BEAR BOOKS A Brown Bear Book
Devised and produced by Brown Bear Books Ltd
Unit 1/D, Leroy House, 436 Essex Road, London N1 3QP, United Kingdom
The simplified Chinese translation rights is arranged through Rightol Media.
本书中文简体版权经由锐拓传媒取得(copyright@rightol.com)。

书　　名：	探索古埃及
	TANSUO GUAIJI
作　　者：	[英]尼尔·格兰特 著
译　　者：	张焕新
责任编辑：	杨泹新　李维娜
责任审校：	李　战
封面设计：	上尚装帧设计
出版发行：	哈尔滨出版社（Harbin Publishing House）
社　　址：	哈尔滨市松北区世坤路738号9号楼
邮　　编：	150028
经　　销：	全国新华书店
印　　刷：	深圳当纳利印刷有限公司
网　　址：	www.hrbcbs.com　　www.mifengniao.com
E-mail：	hrbcbs@yeah.net
编辑版权热线：	(0451)87900271　87900272
销售热线：	(0451)87900202　87900203
邮购热线：	4006900345　(0451)87900256
开　　本：	787 mm×980mm　1/16　印张：3　字数：72千字
版　　次：	2019年10月第1版
印　　次：	2019年10月第1次印刷
书　　号：	ISBN 978-7-5484-3157-2
定　　价：	30.00元

凡购本社图书发现印装错误，请与本社印制部联系调换。

服务热线：(0451)87900278

目录

简介……………………6

埃及与尼罗河……………8

古王国时代………………10

建造金字塔………………12

中王国时代………………14

法老………………………16

新王国时代………………18

宗教………………………20

转世之备…………………22

城镇与城市………………24

雕刻与绘画………………26

工匠………………………28

文字………………………30

孩子与教育………………32

农业………………………34

贸易与货船………………36

家庭生活…………………38

饮食………………………40

游戏与狩猎………………42

大事年表…………………44

参考书目…………………44

参考网站…………………45

词汇表……………………46

索引………………………48

简介

5000多年以前，在尼罗河两岸诞生了世界上第一个文明的国度——埃及。它不是唯一的文明中心，在距离埃及不远的美索不达米亚地区（今天的伊拉克），已经形成了众多大规模的城市。美索不达米亚地区的人们并不属于一个统一的国家，各个国家都有不同的国王、不同的法律、不同的守护神。而埃及人只有一个国王，他们遵守相同的法律，尊崇同一个神。

古埃及文明延续了大约3000年，比延续至今的西方文明要长久得多。正是由于这个原因，这个世界上的第一个文明也是最成功的文明之一。

了解更多

古埃及人为死者修建的陵墓就像一个博物馆，里面有各种各样的东西，还有展现古埃及人的日常生活的壁画和雕像。如今，在世界上的许多地方的博物馆里仍能够看到古埃及时期的物品。本书会向读者展现博物馆里收藏的几乎所有的藏品。

怎样使用这本书

这本书向我们展示了古埃及人的生活，每个跨页都侧重于古埃及人的一个方面，向我们呈现出这一伟大文明的迷人图景。

介绍

本书简单、详尽，读者可以了解每一个标题下的内容。对于某些特定的内容，本书还附加了更为详细的补充说明。

嵌入图

本书为了更详尽地解释某些内容，专门嵌入了相关图片，并解释了这些内容的重要性。

亮点

每一页的下方还有一些插图和介绍，目的是鼓励读者小朋友找到那些博物馆中的古埃及藏品。

标题

标题位于每页左上角，从标题就会知道这部分的主要内容。

细节

从古埃及壮观的金字塔、神庙到古埃及人的日常生活，本书通过大量的信息向读者展现了古埃及的完整画面。

插图

本书附有精美的全彩插图，生动地展现了古埃及世界，使叙述更加直观。

拉升巨石

最艰难的工作之一是将沉重的巨石放到正确的位置上。工匠们修建了土坡，沿着斜坡用绳子向上拉巨石。

监工

官员们，也可能是祭司，带领工人们工作。

顶石

入口

木滚

人们把沉重的木犁和巨石移到木滚上，木滚要保持潮湿，这样可以很容易地在沙地上移动。在现代的工厂里，传送带就是根据这个方法传送物品的。

梯形金字塔

第一批金字塔的侧面不是一整块的光滑表面，而是像一个个台子摞在一起的形状，或者说是台阶式的侧面。古代其他民族也曾建造过梯形金字塔。

切割石块

每一块石块都经过仔细测量和切割，石块的位置非常吻合。

事故

许多工人被巨石砸死、砸伤。

检查手段

工匠们用直角尺和铅垂线来确认巨石的边是否是垂直的。今天，这些工具仍在使用。

皮袋子

每个金字塔都有上万名工人，他们需要食物和水。他们用动物皮革做成皮袋子，用来装水，带在身上。

13

7

埃及与尼罗河

古埃及的地形就像一朵长在长茎上的花朵。茎是尼罗河流域，花是三角洲，毗邻地中海。人们生活在尼罗河沿岸的绿色带上，依靠尼罗河生活。

埃及气候干燥，如果没有尼罗河，埃及就会成为沙漠。尼罗河也是主要的水上要道，连接着相距几百公里远的各个城市。

每年九月，尼罗河水位上涨，暴发洪水，洪水退去后，留下一层厚厚的黑色淤泥。这层土壤非常肥沃，农民们每年都能在上面种上2—3季庄稼。

东部沙漠地区

东部沙漠没有绿洲（水源充沛的沃土），但是富含珍贵的矿产，包括黄金。

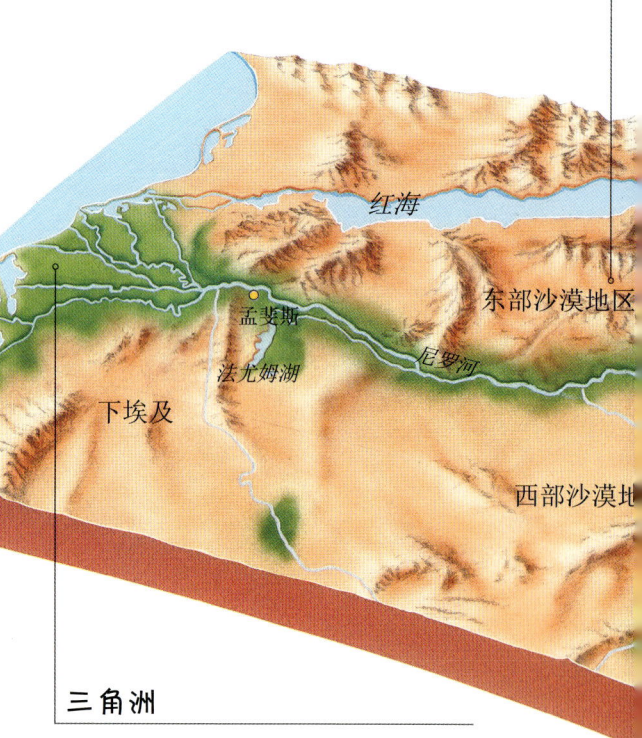

地中海　红海　孟斐斯　东部沙漠地区　尼罗河　法尤姆湖　下埃及　西部沙漠地区

三角洲

在孟斐斯的北部，尼罗河分成多个河道，从而形成了三角洲。三角洲大部分地区是沼泽地，其他地方却非常适合耕种。

看这里

狗

古埃及人认为神会以人类或动物（或者兽首人身）的形象出现。阿努比斯神，死亡之神，就是化身为狗或者豺的形象。

奈费尔提蒂

这是著名的艺术品，第十八王朝的奈费尔提蒂王后的头像。这个头像由石头刻成，表面是一层石膏，上面有彩绘。这尊头像目前在德国柏林博物馆里，它已经成为古埃及的象征。

尼罗河谷

尼罗河谷的宽度仅为19千米，但是，长度超过5955千米。

湍流

向南航行的船只由于湍流不得不停止航行。

城镇

除了富人住在别墅里以外，大部分人住在非常简易的房子里，这种房子是用干河泥制成的砖建造的，非常像图中所示的现代城市的房子。

阿斯旺

上埃及

努比亚沙漠

绿洲

西部沙漠地区有几处绿洲，足够灌溉庄稼。

●海枣树

长在绿洲或者尼罗河流域。人们通常吃新鲜的大枣，或者把枣晾成干枣，还可以做成枣酒。

●黑色——幸运色

一些雕像是用深灰色或者黑色的石头雕刻而成的。古埃及人认为黑色代表着吉祥幸运，因为尼罗河洪水过后留下的肥沃的泥土是黑色的。

●莎草

在古代，莎草这种芦苇草在埃及随处可见，人们用它制作各种东西，包括纸。

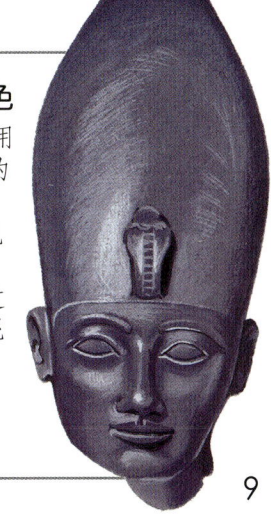

9

古王国时代

在5000多年以前，上埃及（尼罗河谷地带）和下埃及（三角洲区）是一个统一的国家。

到了第三王朝，国家富足而强大。国王，或者法老，被视为人形的神。他们死后，被葬在一个巨大的陵墓中，这个陵墓叫作金字塔，他们的尸身由特殊的送葬船送到下葬的地点。

到了第五王朝，王国走向衰败，国王失去了权力。尼罗河也在几年之中没有暴发洪水，进而引发了饥荒。国家分裂，直到第十一王朝才再次统一。

皇家葬礼

法老的尸身由船送到山谷寺庙。再从那里送到金字塔。

棺椁

保存法老尸身的方法是将尸身做成木乃伊，再放到几层棺椁之中保存。

看这里

斯芬克司

斯芬克司长有人的头，狮子的身体。巨大的石刻狮身人面像守护着吉萨金字塔。此外，埃及还有大大小小许多金字塔。

铭牌

在这个椭圆形的铭牌上，用古埃及的象形文字记录了国王的名字。

10

事件表

古埃及文明持续了大约3000年，分成众多的王国和王朝（统治家族），中间时期，埃及没有统一。

早王朝时代 公元前3100年—公元前2600年

第一至三王朝统治时期。

古王国时代 公元前2600年—公元前2134年

第四至七王朝统治时期。

第一中间期 公元前2134年—公元前2040年

中王国时代 公元前2040年—公元前1640年

第十一至十四王朝统治时期。

第二中间期 公元前1640年—公元前1550年

新王国时代 公元前1550年—公元前1070年

第十八至二十王朝统治时期。

第三中间期 公元前1070年—公元前712年

后王朝时代 公元前712年—公元前332年

送葬船

一种专门用于运送法老尸身的船。用后，船被埋在陵墓附近。

纪念碑

一些早期的埃及国王命令将他们的事迹记录下来，刻在石板上。此图所示的是米那石板。米那可能是埃及统一时期的第一个国王，石板记录了他在战争中取得胜利的情景。

王冠

在一些国王的图片中能够看到，上埃及的国王戴着白色王冠，下埃及的国王戴着红色王冠。有时可以看到一些国王戴着红白色王冠，代表着他们统治着整个国家。

建造金字塔

最大的金字塔群在吉萨，在开罗附近，现今人们仍然能够看到这些古迹。这些金字塔是古王国时代的国王的陵墓。最大的金字塔当数胡夫（或奇阿普斯）金字塔，胡夫是第四王朝国王。胡夫金字塔塔高90多米，塔身由230万块巨石堆砌而成，重达600多万吨。工人们用船把石块从采石场运来，然后放到橇上，再拉到位置上。这项工程用工多达上万人，历时23年完成。

拉升巨石

最艰难的工作之一是将沉重的巨石放到正确的位置上。工匠们修建了土坡，沿着斜坡用绳子向上拉巨石。

金字塔的内部构造

墓室在金字塔的底部。其他地方放着法老在另一个世界可能需要的东西。在葬礼过后，工人们把巨石滑到陵墓的通道上，堵住入口，防止盗墓贼进入。

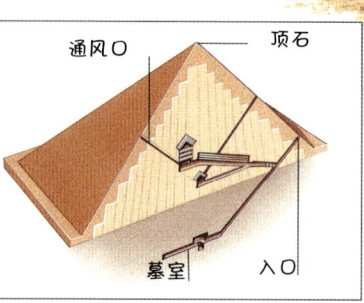

监工

官员们，也可能是祭司，带领工人们工作。

看这里

石匠的工具

在采石场，石匠将木楔敲入巨石的缝隙中，使巨石滚落下来。他们再用短槌和凿子把巨石敲成各种形状。

木滚

人们把沉重的木犁和巨石移到木滚上，木滚要保持潮湿，这样可以很容易地在沙地上移动。在现代的工厂里，传送带就是根据这个方法传送物品的。

切割石块

每一块石块都经过仔细测量和切割,石块的位置非常吻合。

事故

许多工人被巨石砸死、砸伤。

梯形金字塔

第一批金字塔的侧面不是一块的光滑表面,而是像一个个子摞在一起的形状,或者说是阶式的侧面。古代其他民族也建造过梯形金字塔。

检查手段

工匠们用直角尺和铅垂线来确认巨石的边是否是垂直的。今天,这些工具仍在使用。

皮袋子

每个金字塔都有上万名工人,他们需要食物和水。他们用动物皮革做成皮袋子,用来装水,带在身上。

中王国时代

在第十一王朝时期，埃及再一次统一，商贸复苏，国家又变得富足了。埃及人排干了法尤姆湖，得到了更多的耕地；在西奈沙漠，又挖出了新的采石场和矿山；非洲的努比亚地区也成为了埃及的统治范围。

这个时期是艺术和工艺发展的伟大时代，埃及语也得到了最好的发展。如今，来自埃及的学生讲的还是中王国时代的语言。

到了第十三王朝，国王的权力被削弱，统治政府再一次失去了对国家的控制。到了第十五王朝，国王已经是外族人，称作喜克索人。

乐师

乐师们演奏不同的乐器，包括牧笛、竖琴，还有类似班卓琴的一种弦乐器。

舞者

男人们几乎不跳舞。宴会上，舞女表演舞蹈。侏儒演小丑，很受欢迎。

看这里

方尖碑

这些高大、方形的柱子是埃及的纪念碑，它的侧面刻有文字，顶部是尖形的，像一个金字塔。在其他国家也能看到一些来自埃及的方尖碑。

头饰

埃及妇女在夜晚戴着这样的锥形帽。这种帽子是用有香味的蜡做的，可以使头发有香味。

船模型

与这个小船类似的有用的小物品模型常被放在陵墓里，以便来世再用。

食物和饮品

富人们吃各种菜肴，有很多肉和蔬菜。他们喝葡萄酒或者啤酒。

仆人

富人们有很多仆人，主要是女仆。宴会上，大部分演员和仆人都是年轻的女子。

努比亚人

仆人来自于努比亚（位于非洲），他们有的是战俘，有的是被卖到埃及做奴隶的。

织布机

埃及妇女经常用亚麻布做衣服。她们用织布机把线纺成布。织布机就是一个简单的木头框架，她们在织布机上把纬线穿过经线，经纬相交织成布料。一些埃及亚麻布质量非常好，是透明的。

文书

文书，或者抄写员，既是职员，也是管理者。他们负责为政府记录商贸、庄稼、动物、税收、责罚等等情况。和所有的政府官员一样，他们也不受欢迎。

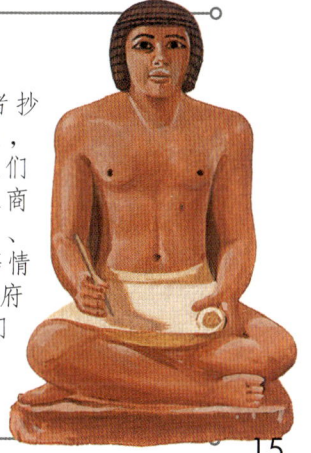

法老

国王，或者叫作法老，不仅仅是埃及的统治者，埃及人认为，他们也是神。实际上，法老代表多个神。作为统治者，他和皇家保护神荷鲁斯联系在一起；有时，他被认为是太阳神——拉神；他死后，又和奥西里斯——冥神合为一体。

有神灵身份的国王说的和做的都是重要的。他的一生要经历一系列的仪式，比如，最简单的事——洗脸，也要按照宗教仪式来做，因此，每一个小事都有它的意义。如果法老头疼，那么意味着埃及将有灾祸降临。

阿布·辛拜勒神庙

太阳神神庙建在岩窟之中，位于努比亚的阿布·辛拜勒。在神庙的入口处，伫立着四尊建造者拉美西斯二世的巨型雕像。在20世纪60年代，阿斯旺地区用围堰围成了一个新湖，整个神庙建筑搬迁到了比湖面更高的位置。

贡品

附近小国的君主把埃及国王认作是他们的最高统治者。为了表达忠诚，他们给埃及国王进贡，这些贡品都是非常昂贵的礼物。

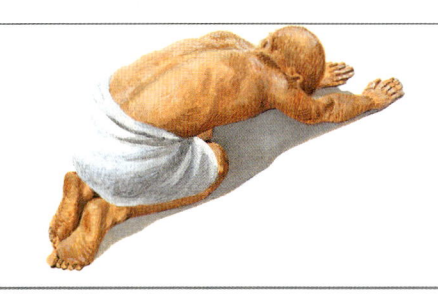

看这里

弯钩和连枷

弯钩和连枷是奥西里斯的象征。在仪式中，埃及国王也拿着这两个神器。弯钩是统治者的象征。

假胡子

埃及男子几乎不留胡子，但是，在画中经常能够看到国王戴着一个假胡子，用绳子固定住。

鸵鸟毛扇子

在埃及酷热的天气里，鸵鸟毛做的扇子给人们带来了凉爽。

侍从

国王的侍从一般是文书、朝臣、家眷、祭司，有时还有各省的政府官员。

法老

法老的权力没有限制。他拥有整个国家，他决定对和错，他的话就是法律。

维齐尔

在法老之下，权力最大的人就是维齐尔，或者叫作宰相。

🐾 国王头饰

国王经常戴着一个条纹布做的头饰，如图。有时，他们还会在上面戴上一个王冠。王冠正中位于国王额前的眼镜蛇和秃鹰是国王的保护神。

🐾 荷鲁斯

荷鲁斯神化身为一只鹰，他是与人形神——国王最密切相关的神。他头戴双王冠，代表着上埃及和下埃及。人们认为，死后人的灵魂会化成鹰。

17

新王国时代

新王国时代的国王将喜克索人赶下台，还征服了中东地区的一个国家，它的人民要向埃及交税。但是，到了第十九王朝，埃及面临着好战的赫梯人的威胁。敌对王朝为了王权不断引发战争，埃及的辉煌开始走向衰落。

埃及已经无力保护自己，外族相继统治了埃及：首先是努比亚人，接着是亚述人，然后是波斯人，古埃及往日的辉煌不复存在。

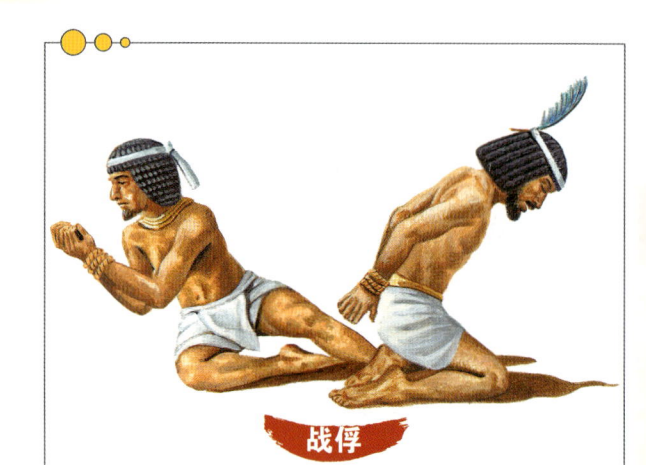

战俘

因为战争，埃及与邻国有了非常密切的接触。战俘被带回到埃及成为奴隶，或者在埃及军队服役。

战争

在新王国时代，埃及军队开拓疆土远到美索不达米亚（现在的伊拉克）。当时他们已经有了战车，而使用的武器却仍然是青铜质武器。其他民族，比如赫梯人，已经使用更加坚硬的铁质武器。

看这里

长矛
皇家士兵佩带剑。步兵带有1.8米（约6英尺）长的矛。矛头是青铜打造的，矛柄是木质的。

匕首
国王和官员们佩带匕首。图中所示的金柄匕首饰物属于图坦卡蒙法老。

战斧
在近距离作战中，埃及士兵使用战斧。因为用力砍切的缘故，一些战斧的斧刃已经镟了。这种战斧使用起来更像一个棍子。战斧的斧刃是用铜打造的。

埃及帝国

埃及人不好战，但是，他们自认为是所有民族中最优秀的民族。

在赶走喜克索人之后，第十八王朝的国王开始征服对埃及有威胁的外族。这个地图展现了当时埃及统治的疆域。

弓箭

弓箭是远射武器。新王国时代的弓是由圆木条或者其他材质的条做的，有更大的拉力。它也是狩猎工具。

奖章

这些纯金的苍蝇图案的奖章是颁发给作战英勇的士兵的。第十八王朝的女王，因为在驱逐喜克索人的过程中立了战功，获得了三个这样的奖章，她把它们系在了金链上。

宗教

对埃及人来说，宗教是生活中一个重要的部分。他们敬拜上百个神。神庙是神的住所，圣殿中有神的巨大雕像，只有祭司才允许进入圣殿。

除了侍奉众神，祭司们还要做其他的工作，比如教书或者帮助收割庄稼。神庙里有学校、作坊和库房。

宗教节日是人们的假期。阿蒙神的纪念节日正值洪水季节，此时，人们没有农活可干，纪念活动可持续一个月。

神的居所

神庙是神的宫殿或者住所。走过多柱大厅就是圣殿，那里有神社。

神和女神

所有的神都是有关联的，其中一些神更加重要。大多数神都有一个与他们相关的圣兽。

看这里

维阿杰特

维阿杰特是尼罗河三角洲地区的女神。她长有母狮的头，头顶戴着有眼镜蛇头饰的王冠，眼镜蛇是下埃及的象征。

奥西里斯

奥西里斯掌管着植物的生长，他的皮肤是绿色的。他是伊西丝的丈夫和哥哥。奥西里斯的邪恶的弟弟塞特将他杀死后夺取了王位，伊西丝使他复活。于是，奥西里斯又成为了冥神。

神社
神的雕像矗立在圣殿之上，只有祭司才可以进入。

祭司
祭司必须要纯洁、干净。他们剃光了头发和体毛，每天沐浴四次，他们穿的是用质量上乘的白色亚麻布做的圣袍。

祭品
大祭司每天都要带来食物祭品，还要完成其他的神圣职责，比如为神沐浴和穿衣。

雕像
在宗教节日，祭司将神的雕像抬到外面，供人们祈祷，或者提问。

哈托尔
女神哈托尔是妇女和儿童的保护神，她头戴太阳圆盘和牡牛角冠，有时，她会以牛的形象出现。她是荷鲁斯的妻子。

魔眼
魔眼，又称为荷鲁斯之眼，代表着太阳或者月亮。它是一个护身符，使人们免受恶魔的伤害。

生命之符
生命之符是一个符号，是"生命"的意思。只有神和国王能够佩戴它，因为他们有超越生死的力量。

21

转世之备

埃及人认为人死后，会在来世复活，复活后，他们仍然需要在埃及使用的东西，包括身体。当一个重要的人死去之后，祭司为他做许多仪式，帮助死去的人去来世的幸福之路。

阿努比斯神的祭司把尸体做成木乃伊来保存身体，这个过程要花费大约两个月的时间。木乃伊要用布条包裹，放在木质的棺椁里，然后再放入石头棺椁中，用橇将棺椁送到陵墓中，再封住墓室。

陵墓是死去的人的家，每天，祭司要祈祷，送食物，看管随葬的物品。

阿努比斯神
负责制作木乃伊的祭司戴着阿努比斯神（死神）的面具。

碳酸钠
在把尸体包上布条之前，往尸体中放一些碳酸钠，一种矿物质盐，用于加快尸体干化。

看这里

卡诺皮克罐
尸体的各个器官，包括脑，放在装饰罐中，这种罐叫作卡诺皮克罐。这些是随葬的卡诺皮克罐。

木乃伊头像
这是已经做成木乃伊的法老塞提一世的头颅，距今已有3000多年的历史。它保存得非常完好，现在我们仍然能够清楚地看出这位有至高无上权力的国王统治埃及时的样子。

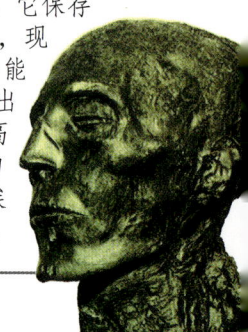

香
一名祭司站在旁边,手中拿着散发着芳香气味的香。

包裹尸体
在尸体被放到棺椁里之前,祭司用亚麻布把尸体,或者叫木乃伊,一层层地包上。

棺椁
木质棺椁有一个人大小,表面有漂亮的图案,有时,图案是死去的人的模样。

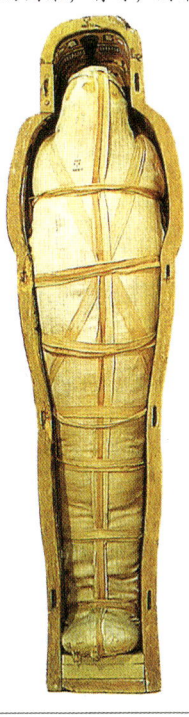

浸泡绷带
有时,会将亚麻布条浸泡在石膏水中,这样,在干了以后,就会变硬。

阿努比斯秤
阿努比斯神把死去的人的心放在秤上称重,来判断该人是否很纯洁,是否可以进入来世。

香罐
如图,这是用来焚烧香树胶、树皮和花的罐子。

护身符
幸运符,又叫作护身符,放在棺椁上,用来保护木乃伊。

23

城镇与城市

埃及是农业国家，不过，当时已经有了许多大城市，比如古王国的首都孟斐斯。城市是作为宗教的中心而发展起来的。底比斯是新王国时代最大的城市，是卡纳克神庙和卢克索神庙的所在地。

百姓住在朴素的、简易的泥砖砌成的房子里，和现代的埃及农村的房子差不多。这些房子，墙很高，窗子小，没有玻璃，这种设计是为了在天热的时候保持屋内凉爽。

宫殿

宫殿和神庙是埃及人的生活中心。国王的宫殿是行政中心。

大城市

如今，虽然没有留下任何关于古埃及的城市的遗迹，但是，考古学家已经探索出了3000多年前的底比斯城的样子。

屋顶生活

房子的屋顶一般是平的。夜晚，因为屋顶更加凉爽，所以人们都聚集在屋顶上。

看这里

抬椅

国王或者有地位的人出行时坐的陆地交通工具，通常由人抬着走。

立柱

像神庙这样的大型建筑，屋顶是由柱子支撑的，柱子的顶部，叫作柱头，经常刻成棕榈叶的形状。

神庙

神庙是最大的建筑。神庙中有神殿（神的住所）、图书馆、作坊、谷仓和库房。

房子和花园

富人住在有花园的大房子里，他们经常在园子里种果树。

担子

埃及人使用担子挑水，解放了他们的双手。挑水的时候，他们用绳子把水罐挂在担子的两头。

拖鞋

埃及人，包括国王，经常光脚走路。必须要穿鞋的话，他们就穿拖鞋。

掸子

埃及人使用这样的掸子轰苍蝇。掸子也是权威的象征。

雕刻与绘画

画匠和雕刻工匠就像木工和石匠一样都是手工艺者。我们在博物馆或者书上看到的埃及艺术，大多数来自于陵墓。画匠画出死去的人的生活场景来装饰陵墓。这些壁画展现了大量的古埃及人的生活情景。

雕刻工匠在青铜、木头或者其他材料上，尤其在石头上雕刻人物。他们没有铁质工具，只有铜质工具，但是仍然能够在坚硬、易碎的石头上雕刻。

网格

为皇家陵墓作画的画匠一般是几个人一起干，要遵守严格的规定。作画前，他们一般要先画出网格。

彩陶

埃及人很少在陶器上绘画，但是，他们会在碎片上练习，有时画个草图。

看这里

凿子

雕刻工匠用凿子和短槌在石头上凿下碎片，把石头塑成想要的形状。这种短槌沿用至今。

刷子

这种刷子是芦苇草束做的，芦苇草的末端劈出许多叉。画匠们使用更细的刷子勾画细节。

调色板

画匠们在调色板上研磨颜料，再用水搅拌在一起。使用的颜料来自矿石，比如红赭石。黑色来自炭灰。

绘图

在网格上，他们先画出人物的外形轮廓，然后，再涂上颜色。

雕像

埃及人最喜欢在石头上雕刻。尽管他们的工具比较粗糙，但是，他们却用令人震惊的技术雕刻出了巨大的雕像。

木人俑

除了用石头雕刻以外，雕刻工匠也会用木头雕刻人俑。这个雕像是古王国时代的一个大祭司。小人俑叫作巫沙布提俑，放在重要人物的陵墓里，目的是为死去的人做所有辛苦的工作。

彩石

除了在花岗岩和石灰岩这样的建筑用石上雕刻以外，古埃及人还用彩色的石头雕刻一些小雕像。

工匠

埃及人实践经验丰富，对他们来说，常识和经验是非常重要的。埃及的工匠通常是男性，他们手艺高超。手艺一般是由爸爸教给儿子，儿子再教给他们的儿子。

埃及人的工具非常简单，做出的东西却很精美。如今，很难理解在当时没有凿子和锉的情况下，他们是如何将坚硬的石头塑成各种形状、又打磨得如此光滑的。现存于世的精美的古埃及首饰和家具，比现代技术制作的还要好。

陶器

陶匠们用当地的黏土制作了各种形状、大小的陶器。他们在硬沙质地的模具中徒手塑出陶器的形状，然后上釉，再放到火炉里煅烧。

拖鞋

做鞋的工艺比较简单，因为人们穿的都是拖鞋。这种拖鞋是用皮子或者莎草做成的。一般情况下，人们不穿鞋。

木雕

这个工匠正在制作动物木雕。从古埃及时期至今，大部分的木雕工具，比如锯、凿子等等没有多大的改变。

看这里

首饰

首饰工匠制作了精美的项圈、手镯和胸针。他们还使用了包括紫水晶在内的各种宝石。

镜子

镜子是用金属，尤其是抛光的青铜制作而成。尽管埃及人能够制作玻璃，但是他们做出来的达不到镜子的纯度。

黄金

埃及有大量的黄金，大部分采自努比亚地区的矿山。埃及人用黄金制作首饰或者为物品镀金。埃及人用硬金制作一些大型的东西，比如雕像和国王的棺椁。

铆接

埃及的好家具制作精良。木匠使用铆接制作家具的方法一直沿用至几千年之后。

弓钻

弓钻可能源于埃及。将绳子缠绕在长棒上，工作时，木匠用一只手压住钻帽，向下用力，另一只手前后拉动弓。

剃刀

这种剃刀是在一些皮袋子中发现的。古埃及人认为整洁、干净是一种宗教义务。

文字

古埃及人发明了一种文字，叫作象形文字。象形文字就是一些小图形。有些图形代表东西，比如，牡牛的图是"牡牛"的意思。它们也可以代表音，比如，英语中，你可以用"cow"来写出"coward"这个词的前半部分。相同的符号可以代表发音相同但意义不同的词，比如"hair"和"hare"。当时的埃及人用芦苇笔或细刷蘸墨水写字。

字母符号

这些图形各代表不同的发音，很像一个字母表，不过，里面没有元音。

符号组

符号组代表的是一组由不同的字母组成的多音符号。

看这里

文书盒
这个盒子有一个洞，用于放置墨饼和笔。文书是皇家官员、记录员。

民书字
民书字（俗体）就是僧书字的简写体，主要在新王国时代使用。

僧书字
由于写圣书字要花费很长的时间，所以文书们采用了更加简单的书写形式——僧书字。

腕尺
腕尺相当于中指指尖到肘部的距离，大约52.3厘米（约20.6英寸）。

日历

通过观察太阳、月亮和星星的运行，古埃及人能够制作出日历。例如，当位于大犬星座的天狼星出现的时候，恰好在尼罗河洪水暴发之前，这时，新年来临了。一年有365天，共分为3个季节，4个月一个季节。

意义符号

这些符号代表了一个词的意义，例如，行走中的双腿代表的是"运动"。

测量

1腕尺相当于7掌。将掌的长度标注在测量棒或测量尺上进行测量。

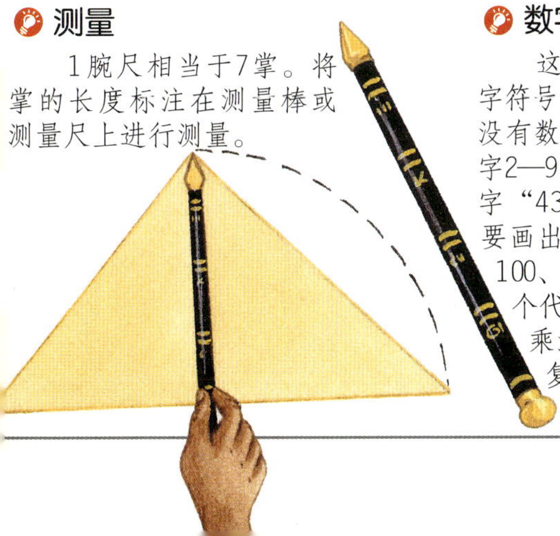

数字

这些图形是数字符号。这些符号中没有数字0，也没有数字2—9，如果要写数字"435"，文书就要画出4个代表数字100、3个代表10、5个代表1的符号。乘法和除法非常复杂。

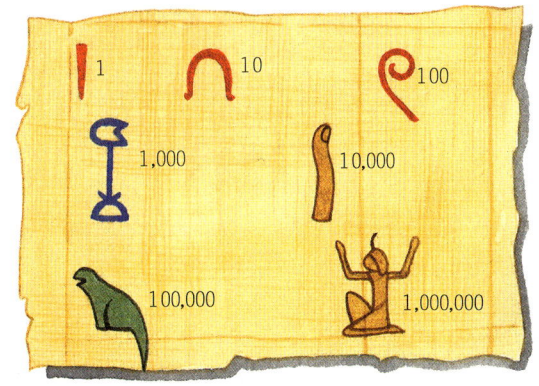

31

孩子与教育

通常，只有富人的孩子才能够上学。男孩进入神庙的学校上学。功课很难，要学习几百个象形文字，数学非常复杂。大部分儿童在家里学习。工匠的儿子从爸爸那里学习手艺。女孩儿学习如何持家。农民不学习读书和写字。

一些孩子有私人老师，文书的儿子在12岁之前要上一些特殊学校，然后再工作。文书是古埃及的管理者和政府官员，他们也是学校的老师。

几何
孩子们学习一些几何知识，比如计算面积和体积。在埃及人建造金字塔的时候，就使用了几何知识。

练习本
孩子们把最好的功课写在珍贵的莎草纸上，练习的内容则写在石头或者木板上。

发型
小孩子们剃头后，留一绺，扎成小辫从一边垂下来。

看这里

球
古埃及的球是木头做的，或者是塞满了羽毛的皮球。有一种游戏是坐在队友的肩上，抓住投过来的球。

笔和墨
最简易的笔用芦苇秆来做，把芦苇秆削尖就做成了。墨是将墨块放在墨盒中掺水搅拌而成。

会动的玩具
在陵墓里还发现了一些非常精巧的玩具。这个玩具在拉动的时候，嘴会一开一合。一些女孩儿的玩具是穿着衣服的玩偶。

飞棍
孩子们有一些小飞棍，和他们的爸爸在狩猎时用的大飞棍相似。这些飞棍的外形像飞去来器。

玩耍
一些学校一大早就开始上课，功课也很难，但是，孩子们仍然有时间玩耍。

女孩儿
女孩儿们在家里学习音乐、舞蹈和做家务。有一些女孩儿学习读书和写字。

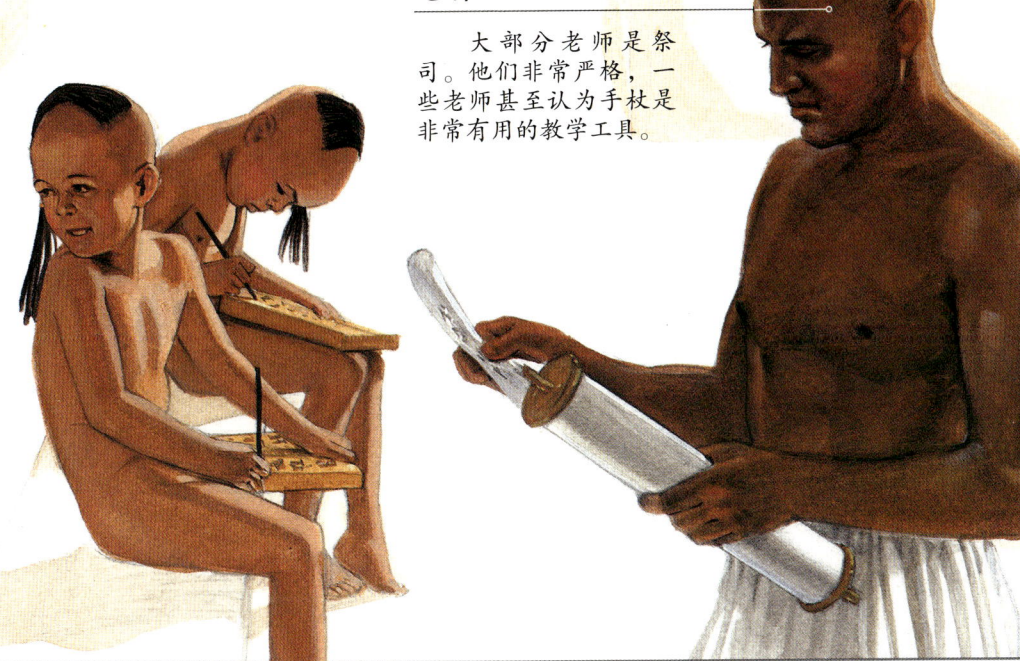

老师
大部分老师是祭司。他们非常严格，一些老师甚至认为手杖是非常有用的教学工具。

牧笛
这是最古老的乐器之一。它经常被叫作长笛，但它更像现在演奏用的八孔直笛。

小孩儿
与大人相比，壁画中的小孩儿要小得多。这个尺寸不是实际尺寸，它是为了突出重要人物而有意这样画的。

河马雕像
古埃及人制作了许多小河马形状的陶器。河马是邪恶的动物，可以和邪恶之神塞特联系起来。不过，这些有趣的河马模型可能是玩具。

33

农业

埃及最重要的活动是干农活。大部分埃及人是农民，他们整天工作在田地里。

主要的粮食作物是小麦和大麦，蔬菜和水果则种在园子里。一般，农民在尼罗河洪水过后，在地里播种，他们用沟渠里的水灌溉庄稼。人们还可以吃牛肉、羊肉，喝牛奶、羊奶。一些农户还养鸭子和鸽子，但是，没有养鸡的记录。

在洪水季节，农民没有农活，他们就去修建神庙和宫殿。

收获季节

在主要的粮食作物成熟以后，几乎所有人，男人、女人，甚至祭司都要帮忙收割庄稼。

税

农民上缴一部分粮食抵税。每次缴税的时候，文书仔细地记录粮食的数量。

看这里

桔槔

桔槔是用来提水的。把一根杆儿放在中心轴上，保持平衡，杆儿的一头儿放一个重物，另一头儿有一个水桶。重物可以很容易地把装满水的水桶从水渠或者河里提上来。

镰刀

男人用镰刀（一种有弯形刀刃的工具）收割庄稼。这种镰刀，上面有一排硬齿，它的用法跟锯是一样的。现代的镰刀形状也是这个样子。

亚麻

亚麻是一种植物，开的花是蓝色的。古埃及人用亚麻茎里的纤维做成亚麻线，几乎埃及人穿的所有的衣服都是亚麻做的。

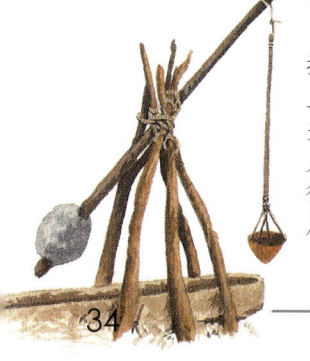

音乐

当人们在地里干活的时候，乐师在旁边演奏乐曲。种庄稼的时候，还要念咒语帮助庄稼生长。

扬场

妇女用木盘舀起谷物，让谷壳被风吹走，沉一些的谷粒儿落到地上，这叫作扬场。

牛

青年男子照看家畜。一个人是否富有只要看他养的牛就能知道。此外，农民还养绵羊、山羊和驴。

葡萄酒

这种由金或银做成的葡萄酒罐可能是用于庆祝活动的。埃及人种葡萄来吃，或者做成葡萄酒，这些酒储藏在石头罐子里。有时，在酒罐上写下葡萄园的名字和葡萄酒的制作日期，就像现代的酒瓶上写的一样。

犁

犁地的时候，农民在前面走，牛拉犁跟在后面。犁的主要部分是一根很沉的、尖尖的木棍，它能够把表层的土翻起来。农民在播种后，犁地翻土，这样就能把种子埋起来。

35

贸易与货船

古埃及人不用钱，他们用货物抵税。所有的贸易都是物物交换——用一种货物换另一种货物，例如，他们用粮食和葡萄酒换黎巴嫩的木头。

各种货船拥挤地停靠在尼罗河上，货船上装满了货物，人们乘坐渡船来到河的对岸。建造金字塔用的巨石用巨筏运输，巨筏可以承担500吨的重量。向北航行的船顺流而下，向南航行的船顺风而行。

商船

小船是将芦苇束捆绑在一起做成的，大船则是用木头建造的。这艘商船正行驶在红海上。

来自沙漠的货物

探险队去往东部沙漠，他们带来了铜、锡和其他矿产。其他路线去往西部绿洲。

看这里

重量

德本是计量单位，1德本金属大约是85克（3盎司）。它也用来计算价值：一只羊可能值1德本。由于制作的金属材料不同（金或银），价值也不同。1凯特为1/10德本。

宝石

用于制作首饰的彩色石头或者宝石产自沙漠地带的矿山。西奈沙漠出产绿松石，东部沙漠出产绿宝石。

蓬特

驶往蓬特的船只先以散件的形式带过沙漠,再在红海岸边组装成船。蓬特可能在非洲的东部,没有人知道它的具体位置。

转向

船的两侧都有船桨,船上还有一个大帆,船尾有两个连接在一起的船桨,用于转向。

黎巴嫩雪松

埃及几乎没有树木,于是,从黎巴嫩的比布鲁斯地区引进了雪松。现今,这些著名的黎巴嫩雪松的后代仍然存活着。

没药树

没药树是一种多刺儿乔木。树干能够分泌出有芳香味道的树脂,用来制作香料。没药树并不是生长在埃及,是商人从蓬特带到埃及来的。

37

家庭生活

有地位的男人一般会有好几个妻子（国王有上百个）。一般正室管理家庭事务，掌管家里的财物。她几乎不做家务，因为她有仆人，仆人甚至要服侍她穿衣、化妆。农户的妇女要干很多活，比如，要做出全天吃的面包。

为了和其他国家联盟，国王要娶该国的公主。富人之间的婚姻是安排的。平民的婚姻是基于爱情和相互尊重的。在古埃及的壁画上经常能够看到丈夫和妻子互相搂着对方。通常情况下，埃及人的家庭是一个大家庭，一般有5—6个孩子。

仆人
富裕的埃及家庭用仆人干活。

孩子
大部分的父母很慈爱，他们希望孩子能够尊重他们，听他们的话。

看这里

化妆品
眼影是一种由粉末做的膏状物，一般放在小罐子里。化妆品和刮刀放在一起。镜子是将青铜面抛光而成的。

头枕
每个埃及人都有头枕。在人们睡觉的时候，头枕可以保持头的高度。它比垫子更凉快，但不是很舒服。用的时候，会在上面再放一个垫子。

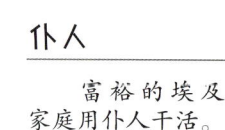

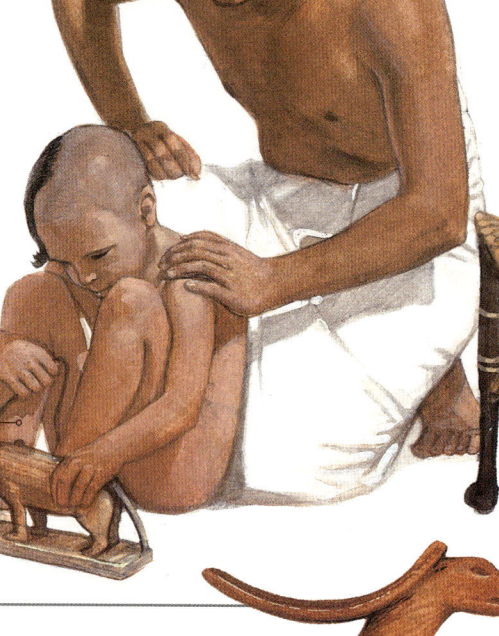

家庭守护神

神住在普通人的家里，还有神庙里。贝斯是新王国时代的一个最受人喜欢的神。

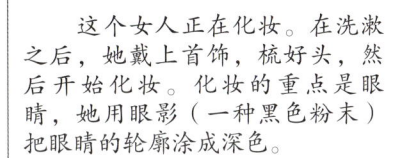

化妆

这个女人正在化妆。在洗漱之后，她戴上首饰，梳好头，然后开始化妆。化妆的重点是眼睛，她用眼影（一种黑色粉末）把眼睛的轮廓涂成深色。

宠物

埃及人喜欢动物，他们养鸟、猴子还有猫和狗。

扫帚

这种扫帚是将芦苇、稻草或者树枝绑在一个木头把手上做成的。像这种扫帚现在还在使用。

兽爪撑脚

每个家具腿的下面都有一个撑脚，形状像狮子的爪子。

芭斯苔特

芭斯苔特女神最开始是狮子的形象，但是，到新王国时代，她被赋予了猫的形象。所有的猫都是奉献给她的，因此，在埃及发现了上千只猫的木乃伊，它们被埋在了三角洲地带的芭斯苔特神庙的地下。

39

饮食

农民吃的主要食物是面包和蔬菜，他们每天都要烤面包，吃的蔬菜有黄豆、扁豆、洋葱、韭菜和萝卜。富人能够吃到很多肉和猎到的动物，尤其是在三角洲地区捕到的鸟。尽管尼罗河有很多鱼，但是，只要有肉，他们还是会选择吃肉。生菜和黄瓜沙拉是他们喜欢的菜肴，做甜品的时候，他们会在里面加一些蜂蜜。

埃及人用手抓饭吃，因为那时还没有叉子和勺子。人们用陶瓷盘子和罐子装食物。

制作啤酒

啤酒是埃及人主要的饮品。人们将未煮熟的大麦浸泡，然后用脚踩碎，等待发酵，最后，把制成的啤酒倒入大罐子里。

做面包

女人们把小麦和大麦磨成面粉，做成块状、饼状，然后，放在黏土垒成的火炉中烤焙。

看这里

渔网

古埃及人用芦苇的纤维织成麻线，再用麻线搓成绳子、编织渔网。渔夫们使用各种不同的渔网，比如围网，如今，在世界的一些地方仍然在用这种渔网。有的用围网在沼泽地区捕猎野禽。

水果

古埃及的水果没有今天的水果丰富，人们在葡萄园和果园里种葡萄、无花果和大枣。

捕鱼

大部分穷人才吃鱼。捕鱼船主要在尼罗河三角洲，或者法尤姆湖捕鱼。图中展示了渔夫们在两船之间下网捕鱼的情景。

制作葡萄酒

人们把葡萄踩碎，然后，把葡萄汁倒到陶罐子里储存，经过一段时间发酵后，就制成葡萄酒了。

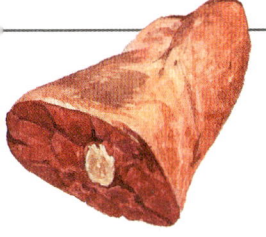

啤酒过滤网

古埃及人有时候喝啤酒和一种叫作"赛莱姆特"的饮料。啤酒和饮料会通过带有过滤网的空芦苇过滤到罐子里供人们饮用。食物和饮料没有现在的纯，比如，葡萄酒里可能还有葡萄籽。

牛肉

古埃及人最喜欢吃肉，烤牛排是富人最喜欢的食物，穷人一般只能吃到猪肉。

41

游戏与狩猎

在古埃及人的陵墓中发现了许多日常生活用的东西,其中包括棋类游戏用具和玩具。女孩子们有玩偶,男孩子们有狩猎武器的玩具。陵墓中的壁画描绘了孩子们正在玩游戏,比如跳房子、跳蛙;还描绘了青年男子摔跤的场景;孩子们还玩球类游戏。

大人们也玩游戏,但是男人的主要活动是狩猎。在新王国时代,男人们驾着战车,用弓箭猎捕狮子。

捕鱼

上面这张图是一个陵墓中的壁画,它描绘了埃及人站在莎草船上用长矛捕鱼的情景。

猎捕河马

河马与邪恶之神塞斯有关,因此,埃及人经常乘船组成几个狩猎队伍,一起围捕河马。他们站在漂浮在河面上的小船里,用鱼叉捕猎发怒的河马,这样做是非常危险的。河马是古埃及人狩猎的最大的动物。

看这里

猎狗

埃及人会养几种狗。一些宠物狗死后会埋葬在离主人不远的地方。这种狗是用作打猎的。它身体细长,四条长腿善于奔跑,可能是灵缇犬的祖先。

叉铃

叉铃是一种摇动出响的乐器。它是哈托尔女神的象征,因为女神非常喜欢音乐。

游戏币

这种片状的石头是玩游戏的时候用的,它就像现代赌场里用的筹码一样,可能是用于赌博的。

🐾 大羚羊

大羚羊体型较大，是埃及人在沙漠里捕获的。

🐾 鱼钩

自从古代以来，鱼钩几乎没有任何变化。埃及人用红铜或者青铜做鱼钩。

🐾 塞尼特棋

在古埃及，人们喜欢玩棋类游戏。塞尼特棋有些像蛇梯棋，如果你走了一步"好"棋，就可以继续走下去，如果走了一步"坏"棋，就要退回去。

🐾 鱼叉

鱼叉上有一个尖儿，一个倒钩（防止鱼掉下来）和一个挂在绳子上的鱼钩。

43

大事年表

前3100年—前2600年
早王朝时代第一至三王朝统治时期。

前2620年
在塞加拉地区建造了梯形金字塔。

前2550年
在吉萨地区建造大金字塔。

前2040年—前1640年
中王国时代第十一至十四王朝统治时期。

前1550年—前1070年
新王国时代第十八至二十王朝统治时期。

前3100年　　前2600年　　前2000年　　前1500年

前3100年
发明象形文字。

前2600年—前2134年
古王国时代第四至七王朝统治时期。

前2134年—前2040年
第一中间期，埃及分裂成两个更小的国家。

前1640年—前1550年
第二中间期。喜克索人统治了埃及北部地区。

前1458年
图特摩斯三世攻占了叙利亚。埃及的巅峰时期。

参考书目

Ancient Egypt (Eyewitness), Dorling Kindersley, 2014.

Ancient Egypt (Great Civilisations), Franklin Watts, 2014.

Bingham, Jane, *In Ancient Egypt* (Men, Women and Children), Franklin Watts, 2009.

Boyer, Crispin, *Everything Ancient Egypt*, National Geographic Kids, 2012.

Cooke, Tim, *At Home With: The Ancient Egyptians*, Wayland, 2014.

Deary, Terry, *Awful Egyptians* (Horrible Histories), Scholastic, 2008.

Harvey, Gill, *Encyclopedia of Ancient Egypt* (Usborne Internet-linked World History), Usborne Publishing, 2012.

Minay, Rachel, *Ancient Egypt* (The History Detective Investigates), Wayland, 2014.

Walker, Jane, *Ancient Egypt* (100 Facts), Miles Kelly, 2006.

前1333年

图坦卡蒙成为法老。

前1070年—前712年

第三中间期。埃及分裂成两个部分。

前712年—前332年

后王朝时代。

前525年

波斯人占领埃及。

前51年

希腊最后的统治者克娄巴特拉成为埃及王后。

1320年　前1000年　前500年　前350年　前20年

前1323年

图坦卡蒙法老死后被安葬在帝王谷。

前720年

努比亚人攻占埃及。

前671年

亚述人向埃及发动攻击。

前332年

亚历山大大帝带领军队入侵埃及。

前30年

克娄巴特拉自杀，埃及沦为罗马帝国的一个行省。

参考网址

historylink101.com/n/egypt_1/index.htm

www.ancientegypt.co.uk/menu.html

www.bbc.co.uk/education/topics/zb72pv4

www.ducksters.com/history/ancient_egypt.php

浏览网页注意事项：

出版方已经尽力确保上述所列网站适合孩子浏览。然而，由于网站地址和内容多变，还是建议孩子在大人陪伴下浏览。

45

词汇表

红色的词在书中有更多的参考内容

A

阿布·辛拜勒 上埃及的一个地区。1967年，为躲避洪水，将此地的两个神庙迁移到新址。

阿蒙神 新王国时代的主神，被称为"众神之王"。

阿斯旺 一个城镇，位于尼罗河的第一个瀑布附近。它是埃及和努比亚的边界。

奥西里斯 掌管植物生长的神，他的皮肤是绿色的。伊西丝的丈夫和哥哥。

B

比布鲁斯 黎巴嫩的一个重要的贸易港口。

C

叉铃 一种摇动出响的乐器，它是哈托尔女神的象征。

D

德本 测量重量的金属环。1德本大约相当于85克（3盎司）。

底比斯 新王国时代埃及的首都。

F

法老 埃及国王，既是埃及的统治者，也是神。作为统治者，他和皇家保护神荷鲁斯联系在一起。有时，他被认为是太阳神——拉神。他死后，又和奥西里斯—冥神合为一体。

法尤姆湖 位于尼罗河西部的一个大湖。

方尖碑 一个有着尖顶、光滑侧面的长柱形纪念碑。

H

哈特舍普苏 古埃及第十八王朝女王，作为法老统治埃及。

荷鲁斯 荷鲁斯神经常幻化成鹰的形象。他是与活着的法老联系最紧密的神。

护身符 被认为能辟邪的一块首饰或其他物件。

J

吉萨 位于今埃及的首都开罗附近的地区，那里有埃及最大的金字塔。

桔槔 把水从井里、沟渠里提上来的工具。

金字塔 石头建造的陵墓，底部是方形的，四面向上倾斜至一个点。

卷轴 一些莎草纸放在一起，卷起来。卷轴放在书前面。

K

卡纳克 底比斯附近的地区，新王国时代最宏伟的神庙建在那里。

卡诺皮克罐 在制作木乃伊的时候，放置尸体器官的罐子。

孔雀石 一种铜矿石，呈绿色。

L

黎巴嫩 地中海东部地区的一个国家，埃及从这里买入木材或者其他东西。

黎巴嫩雪松 一个树种，可做建筑木材。主要产地是黎巴嫩。

莲花 一种睡莲，是上埃及的象征。

M

孟斐斯 古王国时代埃及的首都，它是上埃及和下埃及的边界。

民书字 一种文字书写方式，比僧书字简单，产生于后王朝时代。

魔眼　魔眼，或者叫作荷鲁斯之眼，代表太阳或者月亮。它是幸运之兆，可以抵制邪恶的诅咒。

没药树　没药树的树胶，可以做成香料，或者在制作木乃伊时使用。

木乃伊　为防止腐烂而保存起来的尸体。

N

奈费尔提蒂　阿蒙霍特普四世（第十八王朝法老）的妻子，因美貌而著称。

彭特　位于非洲东部或阿拉伯半岛南部的未知地区，古埃及人在那里进行商品交易。

乔塔　通往神庙的大型通道。

塞尼特棋　一种棋类游戏，玩的时候要使用筹码。

三角洲　在尼罗河进入地中海之前，分成几个河道的地方。

僧书字　一种书写象形文字的简易方式。

上埃及　埃及南部位于孟斐斯和阿斯旺之间的部分。

生命之符　生命的象征。只有神和国王可以佩戴。

实物交易　一种贸易方式，不用钱买卖，只用物品和物品交换。

斯芬克司　人头狮身的形象。

莎草　一种长在尼罗河沿岸的芦苇，可以用来制作纸张。它是下埃及的象征。

图坦卡蒙　古埃及第十八王朝法老，1922年，他的陵墓被发现，完好无损。

W

王朝　统治家族。

维齐尔　埃及宰相，法老之下最有权力的人。

文书　受过训练的官员或者记录员。

巫沙布提俑　小玩偶，被放在陵墓里，来世做仆人。

X

西奈　埃及东北部、红海北部的沙漠地区。

喜克索人　在第二中间期期间，统治埃及的外族人。

下埃及　埃及国内位于孟斐斯和地中海之间的部分。

香料　某种树的树脂或树皮，在燃烧的时候能够散发香味。

象形文字　能够代表发音的符号或者小图形，埃及文字属于这种文字。

Y

亚历山大大帝　古希腊的统治者，曾在公元前4世纪攻占了埃及和其他许多地区。

亚述　美索不达米亚地区的一个国家。在公元前7世纪攻占了埃及。

Z

指甲花染料　从小树枝或者灌木植物的叶子中提取的红色或者橘色的染料。

47

索引

A
阿布·辛拜勒神庙 16
阿蒙神 20
阿努比斯秤 23
阿努比斯神 8, 22
埃及帝国 19
奥西里斯 16, 20

B
芭斯苔特 39
贝斯 39
匕首 18
笔和墨 32
波斯人 18

C
彩石 27
测量 13, 31
叉铃 42
长矛 18
城市 24—25
城镇 9, 24—25
宠物 39
船模型 14

D
大羚羊 43
掸子 25
德本 36
底比斯 24
雕像 9, 27
东部沙漠 36
短槌 26

F
法老 10, 16—17
法尤姆湖 14, 41
发型 32
方尖碑 14
房子 25
飞棍 32
符号组 30

G
工匠 28—29
弓箭 19, 42
弓钻 29
宫殿 24
古王国时代 10—11
棺椁 10, 22—23
国王头饰 17

H
哈托尔 21, 42
孩子 32—33, 38
海枣树 9
荷鲁斯 16, 17, 21
赫梯人 18
红海 36, 37

护身符 23
花园 25
化妆 39
皇家葬礼 10—11
黄金 29
绘画 26—27
婚姻 38
货船 36—37

J
吉萨 10, 12
几何 32
纪念碑 11
祭品 21
祭司 20—21, 22—23, 33
家具 29, 39
家庭生活 38—39
假胡子 16
奖章 19
教育 32—33
桔槔 34
金字塔 10, 12—13
镜子 28

K
卡纳克神庙 24
卡诺皮克罐 22
矿产 36

L
拉美西斯二世 16
拉神 16
来世 22—23
老师 33
犁 35
黎巴嫩雪松 37
立柱 24
连枷 16
镰刀 34
练习本 32
粮食作物 34
猎捕河马 42—43
陵墓 22
卢克索神庙 24
绿洲 9, 36

M
猫 39
铆接 29
贸易 36—37
美索不达米亚 18
孟斐斯 24
米那 11
绵羊 35
面包 40
民书字 30
魔眼 21

没药树 37
木乃伊 10, 22—23
木人俑 27
牧笛 33
墓室 12, 22

N
奈费尔提蒂 8
尼罗河 8—9
尼罗河三角洲 8, 40, 41
牛 35
农业 34—35
努比亚 14, 15, 29
女神 20, 21

P
蓬特 37
皮袋子 13
啤酒 40, 41
仆人 15, 38
葡萄酒 35, 41

Q
奇阿普斯 12
棋类游戏 42, 43
球类游戏 42

R
日历 31
肉 40

S
塞尼特棋 43
塞特 33, 42
塞提一世 22
赛莱姆特 41
僧书字 30
莎草 9
山羊 35
商船 36—37
神庙 20, 24
神社 21
生命之符 21
石匠 12, 26
收获季节 34
首饰 28, 29, 36
狩猎 42—43
蔬菜 34, 40
数字 31
刷子 26
水果 34, 40
税 34
斯芬克司 10
送葬船 11

T
抬椅 24
碳酸钠 22
陶器 28, 33

梯形金字塔 13
剃刀 29
头枕 38
图坦卡蒙 18
湍流 9
拖鞋 25, 28
鸵鸟毛扇子 16

W
玩具 32
玩耍 33
腕尺 30
王朝 11
王冠 11
维阿杰特 20
维齐尔 17
文书 15, 30, 32
文书盒 30
文字 30—31
武器 18—19
舞者 14

X
西奈沙漠 14, 36
喜克索人 18, 19
香 23
象形文字 32
新王国时代 11, 18—19
学校 32

Y
亚麻 34
亚述人 18
眼影 38, 39
野禽 40
伊西丝 20
意义符号 31
饮食 40—41
音乐 35
游戏 42—43
鱼叉 43
渔网 40
语言 14
乐师 14

Z
凿子 26
早王朝时代 11
战车 42
战俘 18
战斧 18
织布机 15
中王国时代 11, 14—15
重量 36
字母符号 30—31
宗教 20—21

48